Rimleteroj

JUBILEA REELDONO

Rimleteroj

William Auld · Marjorie Boulton

William Auld, Marjorie Boulton
Rimleteroj
Serio: Festjaro BAULDTON

Esperanto-Asocio de Britio
Barlastono, 2024
esperanto.org.uk

ISBN: 978-0-902756-71-7

© 2024 familio de William Auld,
Esperanto-Asocio de Britio

Esperanto-Asocio de Britio dankas al la familio de William Auld
pro ĝia afabla permeso republikigi liajn rondelojn.

William Auld estis la unua persono nomumita por la *Premio Nobel pri Literaturo* pro verko en la Internacia Lingvo, ĉefe pro sia majstroverka originalaĵo, la 25 ĉapitrojn longa poemego *La infana raso*, publikigita en 1956, kiam li estis ĉe la pinto de sia poezia potenco. Preskaŭ duonjarcenton poste li elektis ĝin kiel unu inter tri verkoj, kiujn li kunprenus, se oni ekzilus lin al dezerta insulo, «por memorigi min pri kio mi iam kapablis».

Auld estis unu el la dek pli bonaj kandidatoj en 1999, kaj same en 2004 kaj 2006, kiam oni pliajn fojojn kandidatigis lin. Precipe pro tiu ĉi unua nomumo ĵurio aranĝita de *La Ondo de Esperanto* elektis lin la unua *Esperantisto de la Jaro* en 1999.

* * *

William Auld naskiĝis la 6-an de novembro 1924 en Erith, Anglujo, la unua infano de George kaj Minnie Auld, ambaŭ skotoj: la familio reinstaliĝis en Skotlando en 1933. Tre diligenta lernejano, en 1936 li gajnis stipendion por la Allan Glen's School en Glasgovo, privata porknaba liceo.

Proksimume dek-jara li komencis vizitadi bibliotekon en Glasgovo, kie, en 1937, li trovis la skoltajn promeson kaj leĝaron en Esperanto en revuo. Demandinte poste al sia skoltestro, ĉu li ion scias pri Esperanto, li ricevis la lernolibron *Step by Step in Esperanto* – ĝin (kaj ankaŭ sian ekzempleron de *Edinburga Poŝvortaro Esperanta*) li neniam forlasis, eĉ kiam li deĵoris baldaŭ poste kiel aviadisto dum la Dua Mondmilito.

En novembro 1942 Bill – kiel li estis ĝenerale konata – dekok-jariĝis kaj aliĝis al la flugarmeo. Du jarojn poste li fariĝis piloto de *Spitfire* – la sola sukcesa kandidato inter 50 – kiun li flugigis por observado kaj fotado de alto ĝis 12 km. Lia deĵorado finiĝis en novembro 1946, kio kondukis al la muldado de ĝisosta, dumviva esperantisto. Pro la milito la familio transloĝiĝis al Helensburgh, sed Bill vizitis Glasgovon ĉiun semajnfinon, ĉefe por kunveni kun Meta Stewart, samlernejano, kun kiu li korespondadis dum la milito. Ŝi fariĝis lia edzino en 1952, kaj patrino de iliaj infanoj, Judith (1954) kaj Roy (1956). La geedzoj ĉiun tagon interŝanĝis kelkajn vortojn en Esperanto dum la sekvaj feliĉaj jardekoj.

Renkontiĝante en tiu periodo kun Meta en Glasgovo, Bill trovis grandan stokon da Esperanto-libroj en tiea komunista librobutiko. Per la aĉetitaĵoj li eksciis pri lokaj grupoj, al kiuj li tuj aliĝis. Tiel «mi komencis mian Esperantan karieron – dek-unu jarojn post la eklerno de la lingvo».

* * *

Mirinda estas la progreso, post lia ekaktivo jarfine de 1946. En januaro 1947 li abonis al la debutanta *Esperanto en Skotlando*, kaj jam en la dua numero aperis poemo, kiun li tradukis. En 1949 la redaktoran seĝon li transprenis.

Elstare imponaj estis liaj kontribuoj en la sekva jardeko, malgraŭ tio, ke ne ĝis 1950 li findecidis verki en Esperanto, anstataŭ en la angla, pro kredo, ke ne eblas elstari inter aŭtoroj verkante en du lingvoj. La internacia esperantistaro ekaŭdis pri li en 1952, kiam Juan Régulo Pérez starigis sian faman eldonejon *Stafeto*, kies unua eldonaĵo nomiĝis *Kvaropo*, kolekto de poemoj verkitaj de kvar skotoj: Auld, John Dinwoodie, John Francis, kaj Reto Rossetti. Sekvis en 1956

La infana raso, en 1957 *Angla Antologio I: 1000–1800* (kun Rossetti), en 1958 *Esperanta Antologio 1887–1957*. Tiom da temporabaj valoraĵoj li kontribuis en periodo, kiam li estis la redaktoro, depost 1955, de *Esperanto*, dufoje nova patro, kaj trejniĝis kiel instruisto. Lian unuan profesian postenon li akiris en 1956, kaj en 1960 li sukcese kandidatiĝis por ofico de ĉefinstruisto en literatura fako en lernejo en Alloa: post du jaroj li jam fariĝis vicestro, kaj restis 29 jarojn ĉe tiu liceo, ĝis emeritiĝo.

Senĉese li laboris por Esperanto en pluraj kampoj, ne nur kiel poeto. Li estis vicprezidanto de UEA (1977–1980), membro de la Akademio de Esperanto (1964–1983) kaj ĝia prezidanto (1979–1983), kaj redaktoro de, interalie, *Monda Kulturo* (1962–1963), *Norda Prismo* (1968–1972), *La Brita Esperantisto* (1971–2000), kaj *Fonto* (1980–1987).

En 1987, koincide kun la centjariĝo de Esperanto, Edistudio eldonis *En barko senpilota*, lian plenan poemaron. Lia ĉefplenumaĵo, tamen, li konsideris ne unu el siaj abundaj originalaj verkoj, sed sian tradukon de la tri libroj de *La Mastro de l' Ringoj*, famega serio verkita de J.R.R. Tolkien, eldonitaj en 1995, 1996 kaj 1997.

***

William Auld mortis la 11-an de septembro 2006, en la aĝo de 81 jaroj. Sur lia tomboŝtono en Dollar videblas kvinpinta stelo kaj du trafegaj vortoj: *Granda Esperantisto*.

Marjorie Boulton estis elstara ambasadoro por la Esperanto-komunumo, kaj tiel amata en ĝi, ke ŝian familian nomon oni apenaŭ uzis parolante pri ŝi: ŝi estis simple *Marjorie*, unu el la plej elstaraj poetoj en Esperantujo. Fekundega aŭtoro, ŝi verkis teatraĵojn, poemojn kaj prozon en Esperanto, kiuj kaptis la samajn korŝirecon kaj profundan patoson, kiel la plej bonaj etnolingvaj ofertoj. En 2008 ŝi fariĝis la dua esperantisto kandidatigita por la *Premio Nobel pri Literaturo*.

Ne siajn literaturaĵojn, tamen, ŝi konsideris sia plej valora kontribuo al Esperanto, sed siajn jardekojn da korespondado kun esperantistoj ĉirkaŭ la mondo, opiniante, ke per tio ŝi povos oferti al homoj malpli bonŝancaj ol ŝi ion pozitivan.

* * *

Marjorie Boulton naskiĝis la 7-an de majo 1924 en Teddington, sud-okcidenta Londono, solinfano de Evelyn (fraŭline: Cartlidge) kaj Harry Boulton. Ŝia patro estis la lernejestro de la gimnazio en Barton-upon-Humber, kie edukiĝis la filino, jam flue legkapabla trijaraĝe.

Marjorie estis alvokita por intervjuo al Kolegio Somerville en Oksfordo en 1941. Ricevinte la plej superan eblan noton en ĉiu studobjekto, plus stipendion de la graflando, ŝi spertis «momenton ekstazan», kiam ŝi ricevis inviton tie studi la anglan literaturon. Tiel ravita per la nova vivmaniero, ŝi poste konfesis dubadon dum kelkaj jaroj, ĉu estis vivo antaŭ Somerville, kie ŝi ricevis unuaklasan licencion en 1944, MA en 1947, kaj BLitt en 1948. Marjorie poste trejniĝis pri edukado, kaj instruis en diversaj postenoj, fariĝante, en 1962, direktoro de la kolegio por instruistoj Charlotte Mason College (nun parto de la Universitato de Cumbria) en Ambleside, nord-okcidenta Anglujo.

En 1971 ŝi revenis al Somerville por komenci doktoriĝajn studojn, kiujn ŝi finis en 1976 per disertaĵo pri Charles Reade; post tiam ŝi perlaboris sian vivon per plentempa esplorado kaj verkado.

Ses-libran serion da enkondukaj lernolibroj pri literaturo ŝi verkis en la angla, komencante per *The Anatomy of Poetry* (1953). Tiuj libroj plu troviĝas en universitataj legolistoj.

***

Marjorie Boulton unue renkontis Esperanton en 1949, jaro en kiu ŝi publikigis sian unuan poemaron en la angla, *Preliminaries*. Pruntepreninte ekzempleron de *Streĉita kordo* de Kálmán Kalocsay ŝi konvinkiĝis, ke Esperanto estas plene taŭga esprimilo por poezio. Sekvis tiun konstaton enamiĝo al Esperanto, kaj eksplodo de poezia verkado.

Ŝia unua poemo, *Marborda ŝtono*, aperis en *Esperanto en Skotlando* en februaro 1952. Imponite, ĝia redaktoro, William Auld, petis legi ŝiajn neekzistantajn antaŭajn. La sekvan jaron li invitis ŝin korespondi kun li rondel-forme: 84 tiaj leteroj sprite verkitaj interŝanĝiĝis en periodo naŭ-monata, dum kiu forĝiĝis viv-daŭra amikeco inter du el la plej elstaraj poetoj de Esperantujo.

En siaj freŝbakitaj Marjorie ege intense verkis. Tamen ne publikigis ĝis 2022, pro deziro de la «korfratino», kies vivon ĝi traktis, «mia plej bona frua verko», *Nuntempa eposo*, verkita jam en 1953. Same la mondo devis atendi jardekojn por legi ŝian erotikan sonetaron *La sekreta psiko*, verkitan en 1954.

Ŝi debutis antaŭ la vasta esperantistaro en 1955 per la 286-paĝa poemaro *Kontralte*, kies aŭtoron laŭdis Auld en ĝia antaŭparolo, asertante, ke «ŝi soris ĝis la plej alta pinto de la lirika atingo» kaj notante, ke la «plej elstara karakterizo de ŝia verko estas ĝia virineco». Sekvis aliaj poemaroj en tiuj ĉi furoraj komencaj jaroj: *Cent ĝojkantoj* (1957) kaj *Eroj* (1959).

Marjorie tamen ne estis al ĉiuj nekonata antaŭ *Kontralte*, ĉar ŝi jam plurfoje premiiĝis en la Belartaj Konkursoj de UEA. Duan premion kaj meritan mencion ŝi ricevis en 1952; tri premiojn en 1953 kaj du en 1954, kaj pliajn tri – inkluzive de du unualokajn – en 1955. Entute ŝi rikoltis 18 premiojn en tiu ĉi unua jardeko.

Malgraŭ sia elstareco en la kampo, ŝi ne limiĝis al poezio, kaj estis talenta dramaturgo (*Virino ĉe la landlimo* (1959); *Nia sango* (1970); *Ni aktoras* (1971)), biografo (*Zamenhof, Creator of Esperanto* (1960)), novelisto (*Okuloj* (1967)), eseisto (*Ne nur leteroj de plum-amikoj* (1984)), kaj instruisto (*Faktoj kaj fantazioj* (1984)). En 1967 ŝi estis alelektita al la Akademio de Esperanto, en kies sino ŝi restis dum duonjarcento, ĝis sia morto.

★ ★ ★

Marjorie Boulton mortis la 30-an de aŭgusto 2017, en la aĝo de 93 jaroj. Ŝi postlasis tradukon de mezepoka poemo verkita en la tiama angla, *Perlo*, kiun ŝi konsideris sia plej bona traduko, kaj nefinitan tradukon de *Koriolano* de Ŝekspiro. Ambaŭ estis publikigitaj postmorte, kaj duvoluma plena poezia verkaro, *Unu animo homa,* estis kompilita en 2022.

Antaŭparolo

1924: *En la mondon venis nov-talento*. Dufoje, eĉ.

Marjorie Boulton kaj William Auld enmondiĝis tre proksime unu de la alia: tempe je distanco duonjara, loke je nur maratona. Poezia estas tiu ligiteco ĉe du poetoj, kiuj debutis en Esperantujo samepoke, similrapide atingis ĝian kulturan pinton, kaj en siaj krepuskaj jaroj estis kandidatigitaj por la tutmonde agnoskata ĉefa literatura premio.

Festi ilin – la vivojn kaj la verkojn – en tiu jubilea jaro estas komisio plezura, kaj aparte ĝojigas min, ke sur ĝuste miajn ŝultrojn falas la honoro enkonduki tiun unuan libron en la serio Festjaroj BAULDTON de Esperanto-Asocio de Britio.

Komenci la projekton per *Rimleteroj* estas paŝo treege evidenta, kaj postulis malmultan pripensadon; kvankam ne la plej bone konata verko de la aŭtoroj, ĝi estas la sola kunkreaĵo de la du festatoj, gemo rezultinta de sep monatoj da poŝtkartaj interŝanĝoj inter du majstroj de nia lingvo, tiam novuloj ankoraŭ ne atingintaj sian tridekan jaron.

Ne necesas esti kapabla kompreni la poeziarton por tuj konstati la spritecon kaj admiri la klerecon, ke Bill kaj Marjorie tuŝis diversajn temojn *per rondeloj*. Temas pri poezia stilo el mezepoka Francujo, en kiu estas nur du rimsonoj, *a* kaj *b*, ordigitaj en la sekva maniero tra dek tri versoj:

ABba abAB abba A

La linioj *A* kaj *B* havas la samajn rimsonojn kiel la minusklaj variantoj, tamen ripetiĝas ekzakte. Jen ilustra ekzemplo verkita de Marjorie pri sia kamarado kiel #23 de la rimleteroj. Ĝi publikiĝis du jarojn poste, en la sepa parto de *Kontralte, El verda notlibro*:

William Auld

Jen Vilĉjo Auld, talent' masiva;
En li la kre-kaldrono bolas;
Laŭ teorio Vilĉjo volas
Esti kritika, objektiva.

Fulmo en drat', ne nubo driva,
Li vivas. Bele li parolas.
Jen Vilĉjo Auld, talent' masiva;
En li la kre-kaldrono bolas.

Sed, filozofo pozitiva,
Li ankaŭ helpas kaj konsolas,
Vortludas, spritas kaj petolas,
Ama, amika, varme viva.

Jen Vilĉjo Auld, talent' masiva.

1953

Enkondukis la rondelon en la Esperantan literaturon nek Bill nek Marjorie: tiun formon jam elokvente ekspluatis Kálmán Kalocsay en *Rimportretoj*, sia *Galerio de Esperantaj Steloj* en 1931. Simile Reto Rossetti verkis honore al siaj tri kunaŭtoroj fine de *Kvaropo* en 1952, el kiu unu estas la samlibre debutanta Bill Auld.

Korespondi per rondeloj, tamen: jen verŝajne koncepto tute nova. Ĉio komenciĝis per poŝtkarto sendita de Bill al Marjorie en septembro 1953, verkita rondele kaj kun defia demando: *Mi vin invitas korespondi / rondele: ĉu l' propono logas?* Venis tuj rondela rebato: *Duelinviton mi akceptas, / Eĉ sub rondela disciplino, / Kvankam vi estas versmaŝino / Kaj multe pli ol mi adeptas.* Jen la unuaj du rimleteroj, el sume 84 verkitaj; sendiĝis averaĝe unu nova en ĉiu tria tago!

Ili poste restis mesaĝoj pli-malpli privataj: kvankam kelkaj aperis en la paĝoj de la *Nica Literatura Revuo* (1955–1962), ili eldoniĝis tutaĵe nur en 1976, kiam Esperantaj Kajeroj en Manĉestro, Anglujo, eldonis la kolekton en broŝureto mizere malprestiĝa por verko de tia kvalito el la plumoj de verkistoj, kiuj intertempe fariĝis renomaj en Esperantujo. Represo modere pli bona, ĉar la slipoj estis almenaŭ ĉi-foje gluitaj al spino anstataŭ falditaj, aperis en 1986 de la sama grupo, kaj en 1987 la rimleteroj estis plian fojon represitaj, ĉi-foje kiel parto de la elstara *En barko senpilota*, kompilaĵo de la plena originala poemaro de Bill. Kiam en 2022 Esperanto-Asocio de Britio eldonis *Unu animo homa*, la plenan poezian verkaron de Marjorie, la rimleteroj denove videblis en belaj vestaĵoj.

Nun ili havas novan rolon: ili ne plu estas kaŝitaj, kiel en la sekvaj jardekoj post sia naskiĝo, nek staras ĉirkaŭite de centoj da aliaj paĝoj. Ĉi tie ili inaŭguras specialan jaron, en kiu la esperantistaro danke omaĝas iliajn kreintojn, siajn amatajn kaj admiratajn antaŭulojn, William «Bill» Auld kaj Marjorie Boulton. Mi invitas vin kun mi festi la vivojn, frandi la verkojn, kaj ne forgesi la veron, ke post ilia naskiĝo en 1924: *Nian rondon benis novtalento*.

TIM OWEN

Rimleteroj

1953–1954

Dum tiuj jaroj William Auld kaj Marjorie Boulton korespondadis per poŝtkartoj – rondele. Tiuj tekstoj konserviĝis, kaj jen, kara leganto, vi povas konatiĝi kun tiu sendube unika fenomeno…

1

De A. al B.
1953.09.27

Mi vin invitas korespondi
rondele: ĉu l' propono logas?
Ĝis nun mi tede monologas,
sed volas jam dueton fondi.

Ni versojn vidas kore sponti,
se nur la Muzoj nin apogas –
mi vin invitas korespondi
rondele: ĉu l' propono logas?

Mi sendas, Manjo, por vin sondi,
ĉar la ideo min provokas,
sugeston jenan. Mi do vokas:
ĉu emas via kor' respondi?

Mi vin invitas korespondi.

2

De B. al A.
1953.09.29

Duelinviton mi akceptas,
Eĉ sub rondela disciplino,
Kvankam vi estas versmaŝino
Kaj multe pli ol mi adeptas.

Vian ideon mi perceptas.
Vi min stimulas, kiel vino.
Duelinviton mi akceptas,
Eĉ sub rondela disciplino.

Mi min el lukto ne esceptas
Kaj mi duelos kun obstino.
Hej, skoto, kion vi konceptas
Kiam vi sendas al anglino

Duelinviton? Mi akceptas!

3
De A. al B.
1953.10.04

«Epos' Nuntempa» – grandiozo!
Apenaŭ tiu vort' sufiĉas:
la atendita verk' prestiĝas
preter aŭguro kaj supozo.

Kun digno, forto kaj patoso
al homvaloro sin dediĉas
«Epos' Nuntempa». Grandiozo! –
apenaŭ tiu vort' sufiĉas.

Domaĝe, ke per laŭdodozo
nia skermado komenciĝas? –
Nu, jes; pardonu, mi vertiĝas
je vid' de poetin-koloso:

«Epos' Nuntempa» – grandiozo!

4

De B. al A.
1953.10.06

Ne mi, sed vento trablovanta
Kruele pelas min al kreo,
Blinda neceso de obeo
Min spronas al laboro kanta.

Mi, viv' amara, fuŝa, vanta,
Anim' sur rando de pereo!
Ne mi, sed vento trablovanta
Kruele pelas min al kreo.

Kiel pri koro diamanta,
De heroeco la trofeo,
Mi indas verki, mi, tineo,
Kaj per la lingvo esperanta?

Ne mi, sed vento trablovanta...

5

De A. al B.
1953.10.08

Generas arton malkontento,
do ne sopiru ni pri molo:
ne sentas mankon de konsolo
memplaĉa mens', trosata ventro.

Profunde trista, spita gento,
artistoj kreas en izolo;
generas arton malkontento,
do ne sopiru ni pri molo.

Vi diris: vento. Bone, vento.
Sed sen la harpo de Eolo
senvoĉa restus la ventolo.
Hero' kaj bardo: komplemento.

Generas arton malkontento.

6

De B. al A.
1953.10.10

Por paca celo, uranio
Utilas, kaj poeta menso,
Kvankam danĝera brulo-lenso
Pro furioza emocio,

Ardegas por la poezio,
Kreadas per la flam-intenso;
Por paca celo, uranio
Utilas, kaj poeta menso.

Esploro, lukto, ploro, scio –
Turmenta estas mia penso,
Sed iĝu psiko por kompenso
Trans koro-fendo kaj la krio,

Por paca celo, uranio.

7

De A. al B.
1953.10.12

Al mi ekŝajnas, ke la meĉ'
de mia verko estingiĝis,
ke, alivorte, eltrinkiĝis
mia barelo, restas feĉ'.

Aliaj luktas ĉe la breĉ' –
ĉu mia glavo eningiĝis? –
Al mi ekŝajnas, ke la meĉ'
de mia verko estingiĝis,

kaj malgraŭ nerva fortostreĉ'
hodiaŭ ĉio adstringiĝis,
ĝis mi duone konvinkiĝis:
apenaŭ la movado, eĉ,

al mi ekŝajnas kela meĉ'.

8

De B. al A.
1953.10.13

Kuraĝon, Vilĉjo! *Sursum Corda!*
Vi, nobla bardo, frato mia,
Ne longe pro humoro stria
Vivos en senutilo lorda!

Vi, mia kamarado norda,
Helpo de mia art' embria –
Kuraĝon, Vilĉjo! *Sursum Corda!*
Vi, nobla bardo, frato mia.

Se per konata dento morda
Vin manĝas la deprim' opia,
La lernantin' de vi, genia,
Mi venos kun la am' konkorda.

Kuraĝon, Vilĉjo! *Sursum Corda!*

9

De A. al B.
1953.10.15

Virino, vi min embarasas
per varma tono, lang' instiga;
la plendo ŝajnas jam troiga:
humoro splena baldaŭ pasas.

Mi kulpas, ĉar mi ofte lasas
mian deprimon tro sendiga.
Virino, vi min embarasas
per varma tono, lang' instiga.

Kiam ĉe mi la vivo strasas,
aŭ mia muzo estas pigra,
mi emas pentri ĉion nigra –
sed ta! konsolojn mi ne nasas!

Virino, vi min embarasas...

10

De B. al A.
1953.10.17

Mi embarasas tre kutime;
Prave vi nomas min, «virin'»;
Tro mola estas mia sin',
Mi amikiĝas tro intime.

Kaj mi min donas tro senlime –
Penso amara, ho, kinin'!
Mi embarasas tre kutime;
Prava vi nomas min, «virin'»!

Sed ĉu mi kuraĝigas krime,
Malbona estas la inklin'?
Ĝeraldon, Joĉjon, Reton, vin,
Kvankam mi amas nur anime,

Mi embarasas tre kutime!

11

De A. al B.
1953.10.19

La emociojn mi malfidas
(ne malplej en la poetiko),
do ĉiam dum la vivkompliko
instinktojn mi racie bridas.

Ĉar emocioj koincidas
kun anatema romantiko,
la emociojn mi malfidas
(ne malplej en la poetiko).

Ili tro ofte nin perfidas,
kaj ĉar mi kredas sen mistiko,
ke rezonado kaj logiko
nin al la fina celo gvidas,

la emociojn mi malfidas.

12

De B. al A.
1953.10.20

Je emocio *kaj* racio
Ĉiam restados mia fido.
Mi volas vivi nek en frido
Nek en senbrida histerio.

Nek je forĝeto de la scio,
Nek je timema koro-brido –
Je emocio *kaj* racio
Ĉiam restados mia fido.

Nur per duopa asocio
Povas naskiĝi ia ido,
Kaj arto estas la hibrido.
Mi fidas, por la poezio,

Je emocio *kaj* racio!

13

De A. al B.
1953.10.21

Jes kompreneble, ideale
la konfucia ora mezo –
celo de ĉiu vivprocezo,
ne poezio speciale:

validas ĉiu flank' egale,
valoras tez' kaj antitezo? –
Jes kompreneble, ideale,
la konfucia ora mezo.

Ekzistas nepre kaj fatale
por ĉiu pezo: kontraŭpezo? –
Dialektika hipotezo,
kiun akceptas mi morale;

jes, kompreneble, – ideale.

14

De B. al A.
1953.10.21

Rifuĝintino el teroro
Trans vian landolimon venos.
Ĉu eble, Vilĉjo, vi divenos
De kiu eta diktatoro?

Regita longe per rigoro,
Sur stacidom' ŝi eble svenos.
Rifuĝintino el teroro
Trans vian landolimon venos.

El manoj de l' inkvizitoro,
El ŝtala reto, ŝi sin trenos.
Virino vian manon prenos:
Ankoraŭ tremos pro memoro

Rifuĝintino el teroro!

15

De B. al A.
1953.10.27

Vizitis mi la gloran bardon.
Vere, mi timis lin ĝis morto!
Kondukas li la avangardon,
Per vasta, dura mensa forto.

Jes, mi atendis eĉ sen vorto
Renkonti tiun skotan kardon;
Vizitis mi la gloran bardon,
Vere, mi timis lin ĝis morto!

Sed nun mi sentas krean ardon,
Mi vibras streĉe nun, risorto,
Laboro ŝajnas ĝoja sporto,
Mi ankaŭ portas flam-kokardon!

Vizitis mi la gloran bardon!

16

De A. al B.
1953.10.29

Post belaj semajnfin-horetoj,
al lando suda vi reiris;
grandan plezuron ni akiris
el viaj saĝo kaj ridetoj.

Ĉi intervido de poetoj
por novaj taskoj nin inspiris.
Post belaj semajnfin-horetoj
al lando suda vi reiris,

al la subpremoj kaj subtretoj,
kiuj antaŭe vin disŝiris? –
Pa! vi aeron skotan spiris:
vin ne timigu eĉ dek-retoj

post belaj semajnfin-horetoj!

17
De A. al B.
1953.10.27

Marjorie – energio nerva,
mikso de timo kaj aplombo,
eksplodas kiel atombombo
aŭ tremas pro fuĝemo cerva.

Ŝi estas, unuvorte, verva,
kaj senspiriga kiel trombo –
Marjorie, energio nerva,
mikso de timo kaj aplombo.

Laŭ romantiko sinobserva
poemas apud amotombo,
ŝajne sen paŭz' aŭ interrompo,
la favorato de Minerva:

Marjorie – energio nerva.

18

De B. al A.
1953.10.29

Mi dankas pro la rimportreto;
Vi vidas min per klara lumo;
Brilega estas la resumo
De psikologo kaj poeto.

Jen mi en forta, klara neto,
Sen nubo de vuala fumo;
Mi dankas pro la rimportreto;
Vi vidas min per klara lumo.

Per objektiva interpreto
Vi montras min en tuta sumo,
Kun dorsa kapobutonumo –
Ho komprenplena silueto!

Mi dankas pro la rimportreto.

14

De B. al A.
1953.11.02

Vortludo via estas sprita;
Hodiaŭ mia Muzo lamas –
Kaj vian verkon nur aklamas
En stulta feblo parazita,

Eble pro maleol' tordita.
(Doloron mi neniam amas.)
Vortludo via estas sprita –
Hodiaŭ mia Muzo lamas,

Mallerta kiel beb' rakita
Aŭ kiel mi; ŝi ne dinamas,
Sed via verko diagramas
La ĝojon de la temp' vizita!

(Via vortludo estas sprita.)

20

De A. al B.
1953.11.03

Do per demando mi vin spronas:
ĉu l' Homo origine pekas
(kiel kristana mit' substrekas)?
aŭ (laŭ la Kung'a tezo) bonas?

Mian sintenon vi jam konas,
sed ĉu ĝi diskutemon vekas?
Jen per demando mi vin spronas:
ĉu l' Homo origine pekas?

Ĉu oni de l' naskiĝ' friponas
nature, kiel oni fekas?
(Ne diru, ke la temo sekas!)
Nenion novan vi proponas,

do per demando mi vin spronas.

21

De B. al A.
1953.11.03

Mil dankojn, Vilĉjo, pro l' *Gvidlibro*:
Per tiu ilo mi poemos,
Pri amo pli potence temos,
Kun pli da pipro kaj zingibro;

Pri racieco, ekvilibro,
Mi ankaŭ skribos kaj problemos;
Mil dankojn, Vilĉjo, pro l' *Gvidlibro*;
Per tiu ilo mi poemos.

Per pli rigora kritik-kribro
Per tiu libro mi verkemos,
Sed ankaŭ pli sovaĝe ĝemos
En mia tipa vivo-vibro.

Mil dankojn, Vilĉjo, pro l' *Gvidlibro*.

22

De B. al A.
1953.11.04

De la naskiĝo bonintenca,
La Homo volas agi bone;
Li sin pravigas eĉ impone
Pro malkomforto konscienca;

Sed febla, tima aŭ sensenca
Li ofte agas nur fripone;
De la naskiĝo bonintenca
La Homo volas agi bone.

Eĉ se la Mondo per potenca
Bombo disfalas, kaj milone
Tranĉiĝas mole kaj melone,
Eĉ tion faras – frat' parenca,

De la naskiĝo, bonintenca.

23

De B. al A.
1953.11.05

Jen Vilêjo Auld, talent' masiva,
La emociojn li kontrolas,
Laŭ teorio Vilêjo volas
Esti kritika, objektiva.

Kun celo, ne malforte driva
Li vivas. Trafe li parolas.
Jen Vilêjo Auld, talent' masiva,
La emociojn li kontrolas.

Sed, filozofo pozitiva,
Li ankaŭ helpas kaj konsolas,
Vortludas, spritas kaj petolas,
Ama, amika, varma, viva.

Jen Vilêjo Auld, talent' masiva.

24

De A. al B.
1953.11.07

*La rimportreto, ve! min flatas –
ne diru, ke mi tro modestas:
mi estas – nu, mi kio estas?
Pli bone vi ol mi konstatas?*

*Probable. Sed mi min ne ŝatas,
kaj sincerkore mi protestas:
la rimportreto tre min flatas.
Ne diru, ke mi tro modestas,*

*ĉar vi nur parte min traktatas:
mi ankaŭ pigras, malhonestas,
malamas, fridas, timas, bestas...
kaj tio nur la ŝelon gratas...*

La rimportreto, ve! min flatas...

25

De A. al B.
1953.11.09

Mian demandon vi respondis –
kaj tuj la temo estas eks!
Problemon de volum-ampleks'
vi je rondelo trafe tondis,

kaj fundon de l' enigmo sondis!
Mi sidas mire en perpleks':
mian demandon vi respondis –
kaj tuj la temo estas eks.

Kaj tamen nova pens' ekondis
en mia fantazi-kompleks':
ĉu en malsato, timo, seks' –
aŭ kio – homaj pekoj fontis?

Mian demandon vi respondis.

26

De B. al A.
1953.11.10

Por mi, la peko estas manko
De imagpovo simpatia;
Nur kontraŭ iu hom' alia
Ni povas peki, ne en ŝranko.

Por pastro, estas pek' maldanko
Kontraŭ la Hipotezo Dia –
Por mi, la peko estas manko
De imagpovo simpatia.

Nigro ne estas, kiel blanko,
Vera koloro, ne, nenia.
Strebo boncela kaj konscia
Estas la pozitiva flanko.

Por mi, la peko estas manko.

27
De A. al B.
1953.11.12

Sed kial tiu mank' persistas?
Ankoraŭ ne klariĝis tio
en via trafa teorio;
kial ni tentojn ne rezistas,

kial entute tent' ekzistas?
Jes, nepre mank' de simpatio,
sed kial tiu mank' persistas?
Ankoraŭ ne klariĝis tio,

ke timo rojnas, kaj insistas
la egocentro de la mio
sin gardi en ĝangal-socio.
Pia kristan' jesuo-kristas –

kaj tamen tiu mank' persistas!

28

De B. al A.
1953.11.14

Se scius mi, mi estus bona,
Kaj mi ne estas, laŭ honesto.
Bonaj intencoj, fia resto
De io stulta aŭ fripona,

Ĉu apetito subkalsona,
Ĉu nur restaĵo de la besto?
Se scius mi, mi estus bona,
Kaj mi ne estas, laŭ honesto!

Ĉu nur ekstera fort' demona?
Aŭ ĉu interna, mensa pesto?
Kukolo en la nobla nesto?
Metodon por la viv' ikona

Se scius mi, mi estus bona!

29
De A. al B.
1953.11.16

Nin regas fine apetitoj,
instinktoj kaj similaj pestoj,
ĉar ni finfine estas bestoj –
eĉ pli malbone: parazitoj.

Ho, tio estas simple mitoj,
kio stimulas al protestoj:
«Nin regas, fi! ne apetitoj,
instinktoj kaj similaj pestoj!»

Ni babilaĉas pri spiritoj,
ni pozas kun patosaj gestoj,
kaj pave baŭmas niaj krestoj;
sed malgraŭ tiaj hipokritoj

nin regas fine apetitoj.

30

De B. al A.
1953.11.17

Sed apetito povas esti
La sola paradiz' surtera,
Kvankam ne nuba kaj etera –
Pri tio povas mi atesti.

Bestoj, ni devas iom besti;
Ne estas hom' spirit' aera,
Sed apetito povas esti
La sola paradiz' surtera.

Pastro ne povas trafe gesti
Minace pri la flam' infera.
Ne estas, en la mond' sufera,
Multo, por nin lumege vesti –

Sed apetito povas esti.

31

De A. al B.
1953.11.19

Tuberkulozo de la Ter' –
jen la homarnaturo trista:
ni estas nur malsano hista
de l' organismo de l' Mister',

ĝis nun ne rimarkebla per
la sankontrolo kuracista.
Tuberkulozo de la Ter' –
jen la homarnaturo trista.

Projektas ie, kun esper',
giganta Io, kunekzista –
dum kreskas, lanta sed persista,
tuber' kolosa en l' afer':

tuberkulozo de la Ter'.

32

De B. al A.
1953.11.21

Ne, ne, poeta Virtuozo!
Ne tiom iĝu ni cinikaj;
Ne, Homoj stultaj, fanatikaj
Estas, sed Homo estas rozo

Pli ol sur Ter' tuberkulozo,
Kaj personecoj ja unikaj;
Ne, ne, poeta Virtuozo,
Ne tiom iĝu ni cinikaj!

Antaŭen! en heroa pozo
Ni staru, fuŝaj kaj tragikaj.
Ni ŝajnas eble lunatikaj,
Sed eble restos en neŭrozo

Ne nepo eta, Virtuozo!

33
De A. al B.
1953.11.23

Kaj samprobable porkoj flugos!
Kial cinike? – min doloras,
ke homaj agoj ne valoras,
nin bagateloj ĉiam jugos –

ĉar ankaŭ mi nur vane plugos!
Pri homa gravo vi fervoras,
sed samprobable porkoj flugos!
Kial cinike? – min doloras...

Malvasto homa centrifugos
eĉ se ni kredas kaj laboras.
Pro l' Virtosuno, kiu oras,
vizaĝo de la ter' lentugos?

Aj! samprobable porkoj flugos...

34

De B. al A.
1953.11.25

Porke ni vivu, kun espero
Ke lante kreskas la flugiloj –
Certe tra pentoj kaj humiloj
Sed ankaŭ per alia vero;

De viva bono iu ero
Floras en ĉiu el la miloj;
Porke ni vivu, kun espero
Ke lante kreskas la flugiloj;

Per arto, amo, kaj sincero
Laboru ni, simi-gefiloj,
Tra la doloroj, malfaciloj,
Pli en kompato ol kolero –

Por ke ni vivu kun espero.

35

De A. al B.
1953.11.27

Antaŭ la firma optimismo
mi kiel ĉiam, Manjo, cedas.
Kvankam espero min nur tedas
pro l' okazonta kataklismo,

kaj kredo ŝajnas nur sofismo –
vi kredu, eĉ se mi ne kredas.
Antaŭ la firma optimismo
mi kiel ĉiam, Manjo, cedas.

Kvankam mi staras ĉe abismo,
kaj vivsensenco min obsedas
kaj mi esperon ne posedas,
ho vivu, vivu altruismo,

ankaŭ la firma optimismo!

36

De B. al A.
1953.12.01

Jen mia vico por demando.
Ĉu kredas vi je vivo ia
Post korpa mortotago nia?
Spite de pastra propagando,

Kiel okazos ia frando
Sen sentoj – aŭ korpeť alia?
Jen mia vico por demando –
Ĉu kredas vi je vivo ia?

Ĉu, sub la ora lumgirlando,
Apud la ora trono Dia,
Mi povos diri, Mi, nescia
Hodiaŭ, en ĉiela lando:

«Jen mia vico por demando!»?

37
De A. al B.
1953.12.03

Postmorta vivo? Ta! Ĥimero
de mens' infana kaj naiva,
restaĵo de la primitiva
nescio, timo kaj – fiero.

Vi serĉas veron? Jen la vero:
ekzisto estas senmotiva.
Postmorta vivo? Ta! Ĥimero
de mens' infana kaj naiva.

Ni vivas, mortas. Jen afero
natura, simpla, efektiva:
nia ‹animo malmortiva›
fariĝas nur – Patrino Tero.

Postmorta vivo? Ta! – ĥimero.

38
De B. al A.
1953.12.05

Kaj poste sub la herbo dormi!
La provkuniklon fine savas
Ĥirurgo, siajn manojn lavas –
Jes, post la provoj, kloroformi...

La besto strebas sin informi,
Pri eltenivo, eĉ, ĝi pavas.
Kaj poste? Sub la herbo dormi
La provkuniklon fine savas.

Do bone estos putre formi
Florojn kaj fruktojn kiuj ravas,
Sed *pli* la nuna vivo gravas,
Jes, ĝis elĉerpo devas ŝtormi

Se poste sub la herbo dormi...

39
De A. al B.
1953.12.07

Se ni eraras? Jen la fakto:
l' afero nin ne tre koncernas;
ĉi viv' sufiĉe nin konsternas.
Ni vidu – post la kvina akto!

Kia punado kaj mistrakto
postmorte antaŭ ni kavernas,
se ni eraras? Jen la fakto:
l' afero nin ne tre koncernas,

ĉar ni kun strebo kaj barakto
pri l' nuna mond' apenaŭ lernas.
Sin antaŭ la futuro sternas
la atombomba fumokakto

se ni eraras. Jen la fakto.

40

De B. al A.
1953.12.09

Nur arto, amikeco, amo –
Ĉu konas vi alian bonon?
Vi havas do pli grandan konon
Se jes, ol mia, pri programo

De nia ja plurakta dramo.
Por gvidi nin trans danĝerzonon
Nur arto, amikeco, amo –
Ĉu konas vi alian bonon?

Nun, kurtan kvazaŭ telegramo,
Esprimas mi la vivproponon
Laŭ mia scio; aŭdu sonon,
De saĝo mia sola gramo –

Nur arto, amikeco, amo.

41
De A. al B.
1953.12.11

Formulon havi estas bone
kaj malfacilas ĝin kritiki;
sed ĉu vi povas ĝin apliki
por solvi ĉion, eĉ persone?

Ja gravas arto, kaj impone
valoras ami kaj amiki:
formulon havi estas bone,
kaj malfacilas ĝin kritiki;

sed lunen mi rakedus zome
aŭ maron flosus kun Kon-Tiki,
por mian truan vivon fliki.
Plenumi *estas vivokrone.*

(Formulon havi estas bone.)

42

De B. al A.
1953.12.12

Formulo estas – nur formulo,
Nur helpo, certe, ne la solvo,
Dum tiu aksa mondorulo,
En la komplika vivovolvo.

Mi dronos en amara golfo
De vivo, baldaŭ iĝos nulo;
Formulo estas nur formulo,
Nur helpo, certe, ne la solvo.

Ni luktas brave sen absolvo;
Mi, fremdulino, vi, fremdulo
Sur Tero, vidos per okulo
Klarvida, ĝis ni iĝos polvo:

Formulo estas – nur formulo.

43
De A. al B.
1953.12.15

*Do «ESPERANTO» min bojkotas
ĉar miaj verkoj «povus ŝoki».
Imagu! Sen intenco moki,
legantojn oni tre dorlotas...*

*Honore ja unualoki
trifoje! – sed mi tro zelotas,
do «ESPERANTO» min bojkotas
ĉar miaj verkoj «povus ŝoki».*

*Sukcese Schwartz fi*anekdotas,
sed se mi *volas Muzon voki*
sinceran, *verojn ne sufoki,*
ies malvasta mens' bigotas,

kaj «ESPERANTO» min bojkotas.

44

De B. al A.
1953.12.17

Damnita estu la cenzuro!
Fiŝsangaj kaj en prudaj skvamoj
Eŭnukoj kaj glaciaj damoj
Kastras kulturon pro «sekuro»,

Mensogas pri la panoramoj
De l' viv', pepetas pri kulturo –
Damnita estu la cenzuro!
Fiŝsangaj kaj en prudaj skvamoj

Ili ligadas en torturo
La amemulojn; kies flamoj
Pli ol blankarda flam' de l' amoj
Brilas en plejperfekta puro?

Damnita estu la cenzuro!

45
De A. al B.
1953.12.20

Kia esper' por civilizo
kun ĉi tabuoj primitivaj?
Tabu': perverso de lascivaj
mensoj, kulturo de komizo!

Ho, kia cerba paralizo,
Ho, Pavlov-hundoj, jen salivaj!
Kia esper' por civilizo
kun ĉi tabuoj primitivaj?

Ho, for veremo! For precizo!
Vivu la nur hazarde *vivaj,*
kiuj ne estas generivaj –
Infan' naskiĝas – hej, surprizo!

Kia esper' por civilizo?

46

De A. al B.
1953.12.21

Feliĉon dum la festsezon',
prosperon dum la nova jaro!
Ke via bela poemaro
sin duobligu laŭ impon',

ke vi pro peto kaj admon'
tondilon trenu tra l' bararo!
Feliĉon dum la festsezon',
prosperon dum la nova jaro,

kantas al vi en unison'
Vilĉjo per bonintenca knaro,
Meta per dolĉo de – fanfaro,
kaj Ludoviko per ronron':

(kune):

«Feliĉon dum la festsezon'!»

47
De B. al A.
1953.12.23

Per *vi* kaj viaj kamaradoj
Ekzistas ero da espero,
Vi, la profeto de la Vero
De Amo kontraŭ la fasadoj.

Per via amo kaj verkadoj
Ekzistas kant' de regenero;
Per *vi* kaj viaj kamaradoj
Ekzistas ero da espero.

Pruduloj kun sengustaj pladoj
Min naŭzas; ĉu la kor-sincero
Troviĝas ie? – En kajero
De eksplodivaj vers-grenadoj

De *vi* kaj viaj kamaradoj!

48

De B. al A.
1953.12.25

Mi dankas pro la fest-saluto,
Tre ĉarma, sprite komplimenta,
Tre lerta, tre inteligenta,
La plej ĝentila festkonduto!

Min ofte iel en disputo
Vi kolerigas, elokventa;
Mi dankas pro la fest-saluto,
Tre ĉarma, sprite komplimenta.

Sed jen averto, de rekruto
Al via poetar' talenta –
Se estos vi impertinenta
Mi reciprokos per bekfluto!

Mi dankas pro la fest-saluto.

49

De A. al B.
1954.01.14

La intermiton mi bedaŭras –
turmentis multe min laboroj,
turmentis ankaŭ dentdoloroj.
Sed, dank' al Jaĥve! ĝi ne daŭras.

Pro via lasta kart' mi kaŭras,
torentas ŝvit' tra miaj poroj.
La intermiton mi bedaŭras –
turmentis multe min laboroj.

Cetere, mia Muz' ne laŭras
al mi la verton, ŝin langvoroj
katenas. Miaj rev-leporoj,
iam gracilaj, dinosaŭras!

La intermiton mi bedaŭras.

50

De B. al A.
1954.01.15

Kreivo, ŝajne, venas cikle,
Natura fort' laŭ naturleĝo,
Jes, via sub printempa heĝo
Lepore, mia – pli kunikle.

Amo nin ekstimulas tikle,
Angoro tedas per sieĝo;
Kreivo, ŝajne, venas cikle,
Natura fort' laŭ naturleĝo.

Printempo flore kaj kalikle
Venas, kaj vintro, vintra neĝo.
Kiam ne trilas vers-arpeĝo,
Atendu frukton nur, folikle.

Kreivo, ŝajne, venas cikle.

51
De A. al B.
1954.01.18

Ho kian rekton, kian klaron,
kapablas nia idiomo!
Ĉu trogurdita aksiomo?
Mi legas vian sonetaron,

kaj mi denove trovas raron
de simpla, bela vivaromo.
Ho kian rekton, kian klaron,
kapablas nia idiomo:

se oni faras la komparon
kun nia lingvoepitomo,
la angla estas nur fantomo!
Traktante trafe «ordinaron» –

ho kian rekton, kian klaron!

52

De B. al A.
1954.01.20

Angla, por mi, eĉ pli ampleksas,
Kaj riĉas per la ambiguoj;
Eble ankoraŭ evoluoj
Belajn pensrobojn novajn teksas;

Se anglan lingvon mi ne fleksas
Estas pro miaj kap-vakuoj;
Angla, por mi, eĉ pli ampleksas
Kaj riĉas per la ambiguoj.

Sed, se mi angle ne sukcesas,
Sed esperante, sen tabuoj,
Mi ne maldankas pro la ĝuoj
De l' lingvo kie mi perpleksas.

Angla, por mi, eĉ pli ampleksas.

53

De A. al B.
1954.01.21

Legu pli zorge mian lastan
por vidi kiom mi pretendas –
ho tre pugneme vi defendas
vian langaĵon ekdenaskan!

Laŭ vi, la angla havas vastan
amplekson. Tion mi konsentas.
Legu pli zorge mian lastan
por vidi kiom mi pretendas!

Ĉu vi supozas ion drastan?
Sed Esperanto elokventas
kaj eblon al poet' etendas
pli rektan, klaran – kaj elastan!

Legu pli zorge mian lastan!

54

De B. al A.
1954.01.22

Jes, certe klara Esperanto
Estas, kaj via vorto veras;
La trafa lingvo ja oferas
Klaron al ni en granda kvanto;

Por vi, aŭ eĉ por diletanto,
La bela lingvo tre liberas –
Jes, certe klara Esperanto
Estas, kaj via vorto veras.

Ĝi taŭgas por naiva kanto,
Por epopeo ne mizeras;
Ĝi krias, kultas, kvikas, kveras –
Sed ĉiam klaras, brilianto –

Jes, certe, klera esperanto!

55

De A. al B.
1954.01.26

Sed la Movado? – ne tre movas;
l' epok' ne estas tre favora:
la liberala tempo ora
tra l' tuta mondo jam malnovas,

kaj ni pograde nin retrovas
en tempo sklava, diktatora.
Jes, la Movado ne tre movas –
l' epok' ne estas tre favora,

kaj eĉ samideano povas
malmulte teni sin fervora
kontraŭ la superstiĉo mora,
kiu tra l' mondo neĝoblovas.

Oj, la movado ne tre movas!

56

De B. al A.
1954.01.27

Ke la Movado vere movu
Deziras vi, kaj mi deziras;
Se duboj niajn korojn ŝiras,
Ni, tamen, dubojn ne tro kovu;

«Facila vento» forte blovu;
Tiel la muelilo iras;
Ke la Movado vere movu
Deziras vi, kaj mi deziras.

Ni ĉiam penu, ĉiam provu,
Kuraĝe; ni ankoraŭ spiras.
Virinas mi, kaj vi tre viras;
Se ĝi ne movas, do *ni ŝovu!*

Ke la Movado vere movu!

57
De A. al B.
1954.01.29

La manko de entuziasmo
eĉ Testudanojn misinfektas
iom. Ĉu miri se afliktas
aliajn speco de marasmo?

Ni – vi kaj mi – nur estas spasmo,
kiu nerimarkeble taktas:
la manko de entuziasmo
eĉ Testudanojn misinfektas.

Ni estas kvazaŭ protoplasmo,
kiu sin ne plu reproduktas.
Ni amas Esperanton. Noktas.
Baras atingon de l' orgasmo

la manko de entuziasmo.

58

De B. al A.
1954.01.30

Skurĝi al strebo por la Celo
Alian, ofte ne sukcesas;
Oni konstatas, eĉ promesas,
Sub nia peto, nia pelo;

Poste, malplenas la orelo
Kaj la viktimo tuj forgesas;
Skurĝi al strebo por la Celo
Alian, ofte ne sukcesas –

Sed ni, per vorto aŭ rondelo,
Rajte instigas, eĉ opresas,
Unu alian, pelas, dresas,
Rajtas nin mem, sur propra felo,

Skurĝi al strebo por la Celo!

59

De A. al B.
1954.02.01

Kiam mi estis nur lernanto
kaj la Movadon ne eniris,
ekzalto stranga min inspiris
kaj fidis mi en granda kvanto!

Jes, kredis mi sen propagando,
kaj la Movadon tre admiris
(kiam mi estis nur lernanto,
kaj la Movadon ne eniris!).

Ĝi estis promesita lando,
al kies supro mi aspiris.
Ĝian aeron mi jam spiris:
ho vaka volbo, vana vanto!

Kiom majestis... nur lernanto...

60

De B. al A.
1954.02.02

Junaj, ni ofte tro atendas
De io, diras tro, «se nur...»,
Desapontiĝas en futur'
Kaj tial tre amare plendas;

La desaponto nin ofendas;
Nun, aĉa ŝajnas la aŭgur'.
Junaj, ni ofte tro atendas
De io, diras tro, «se nur...»

Sed la Movadon mi defendas:
De malperfektaj homoj, sur
Dezerto, ia brava spur'
Malgrandan vojon nun etendas.

Junaj, ni ofte tro atendas.

61

De A. al B.
1954.02.03

Nu, ĉu ne pravas la junuloj
se nur plejbonon ili revas?
Ke tiu idealo krevas,
kulpas skrupuloj kaj kalkuloj;

ni kompromisis pri l' postuloj –
malpli atendas, do ricevas.
Nu, ĉu ne pravas la junuloj
se nur plejbonon ili revas?

Laŭ mi, en ĉiuj teranguloj
nin junaj homoj regi devas;
se l' kriteriojn ni mallevas,
ni vendas nin al homaj puloj.

Nu, ĉu ne pravas la junuloj?

62

De B. al A.
1954.02.05

Kara, ĉu juna restos vi?
Jam grizetiĝas mia verto.
Ni devas lerni per vivsperto
Sen tro da *oj* aŭ *ve* aŭ *fi*.

Art-idealoj estas tri:
Sincero kaj labor' kaj lerto;
Kara, ĉu juna restos vi?
Jam grizetiĝas mia verto.

Sed kiam trovos vi en mi
Nur aĉan koron en inerto,
Tiam, por morto, sen averto,
– laŭ mia jam timema sci'

– koraĉujon arestos vi!

63

De A. al B.
1954.02.06

Sed ne pri mi mi pensis, kara –
mi mem jam estas tro sensuka
por ĉiu tasko krom eduka
en mia mondo temerara;

ne estas tute mi senhara,
kaj – danke dion! – ne eŭnuka:
sed ne pri mi mi pensis, kara;
mi mem jam estas tro sensuka.

En la modelo registara,
pri kies reg' mi estas juka,
parlamentano tro kaduka
estus en aĝ' dudekkvinjara –

do ne pri mi mi pensis, kara.

64

De B. al A.
1954.02.09

Juneca verv', matura sperto,
Laŭ mi, plej taŭgas por la tasko;
Povas okazi la fiasko
Per – aŭ langvoro aŭ mallerto.

Ne tre malhelpas griza verto
Se nur de verda koro masko;
Juneca verv', matura sperto,
Laŭ mi, plej taŭgas por la tasko.

En kelkaj koroj viv-aserto
Pompas en daŭra psika Pasko,
Kaj juna font' el juna vasko
Neniam iĝas nur dezerto –

Juneca verv', matura sperto!

65
De A. al B.
1954.02.10

Ne, sperto estas kaptilego;
per sperto iĝas ni «prudentaj»
(«prudento» – virto de l' sendentaj
maljunaj lupoj de la grego,

sub kies prudentaĉa rego
mizeris homoj centjarcentaj).
Ne, sperto estas kaptilego;
per sperto iĝas ni «prudentaj».

Ni spertis *sperton. For sinflego!*
Nian rubaron nur torentaj
akvoj forlavos; sturmoj ventaj
pli multon ŝanĝas ol prelego.

Ve! Sperto estas kaptilego!

66

De B. al A.
1954.02.11

Sed olda *arto* pli sukcesas,
Bridita, trafa, ne plu kota,
Ĉu ne? la arto anekdota
Aŭ poezia – ĉu vi jesas?

Ne? Kial Reto tiel dresas
Min pri la polurado frota?
– Ĉar olda arto pli sukcesas,
Bridita, trafa, ne plu kota.

Laŭ mi, maturo ja necesas.
Por mi vi ŝajnas tro bigota
Pri junaj homoj – idiota
Eĉ – sed, ho, Vilĉjo, mi konfesas

Ke Aulda arto pli sukcesas!

67

De A. al B.
1954.02.13

Sed ne pri arto mi rezonas –
ne, ne! – ja nur pri politiko,
kaj drasta estus la efiko
de tio, kion mi proponas.

Kaj tamen draston ni bezonas,
por vere sava sortofliko;
sed ne pri arto mi rezonas –
ne, ne! – ja nur pri politiko.

Nu, kompreneble mi tre konas
(min ne stultigas fanatiko)
valoron de matura psiko:
ĝin art' postulas – kaj mem donas;

sed ne! – pri ardo mi rezonas.

68

De B. al A.
1954.02.16

Bonan novaĵon! Post aprilo
Mi povos *flugi* al Glasgovo,
Por dormi (iom) en alkovo
Kaj ĝoji longe en babilo,

Kaj – eble – per bekfluto-trilo
Montri fieron de la povo!
Bonan novaĵon! post aprilo
Mi povos flugi al Glasgovo.

Ĉu, do, okazo por jubilo?
Ĉu bona estonteco-ovo
Proponas sin por via kovo?
Alportos mi per aviadilo

Bonan novaĵon – post aprilo!

69

De A. al B.
1954.02.18

Plenigi ĝisrande kalikon,
bankedon pretigi festene! –
ĉar baldaŭ ridantamiene
amiko revidos amikon.

Do blovi bekflutan muzikon,
l' okazon saluti konvene,
plenigi ĝisrande kalikon,
bankedon pretigi festene!

Di' benu aerotrafikon:
ĝi pontas la mejlojn senpene
(sed kostas – sufiĉe gehene).
Honore mi ŝanĝas metrikon,

plenigas ĝisrande kalikon!

70

De B. al A.
1954.02.24

Havi amikojn – kia ĝojo!
Kiuj nin volas vidi, eĉ!
En vivo, kia brila meĉ'!
Kia konsolo sur la vojo!

Ni (per bekfluto aŭ hobojo)
Ĝoju – ĉar jen doloro-breĉ'!
Havi amikojn – kia ĝojo!
Kiuj nin volas vidi, eĉ!

Mi venos por la dua fojo
Kiam mi povos, per la streĉ'
De la monujo; inter feĉ'
De l' vivo – restariĝos Trojo!

Havi amikojn – kia ĝojo!

71

De A. al B.
1954.02.28

La hom' izolominon ŝaktas,
sed ĉiam pri izol' enuas,
kaj dum azilon li konstruas
eĉ kontraŭ si mem li baraktas,

ĉar eĉ se amon li kontraktas,
li surogatojn substituas.
La hom' izolominon ŝaktas,
sed ĉiam pri izol' enuas.

Lin simpatia mens' refraktas
kaj li pro tio evoluas:
ju pli lin jaroj preterfluas,
des malpli multajn li kontaktas,

kaj li izolominon ŝaktas.

72

De B. al A.
1954.03.02

Inter la trompoj kaj perfidoj
De multaj, amikeco restas,
Kaj ni en amikeco nestas,
En Arbo de la Viv', birdidoj.

Se kelkaj vivas, nur akridoj,
Ni scias, kiam ni kunestas:
Inter la trompoj kaj perfidoj
De multaj, amikeco restas.

Jes, per konsoloj kaj per ridoj
Homo al Homo noble gestas;
Vivon la amikec' atestas;
Amikoj vivas en validoj

Inter la tromboj, kaj per fidoj!

73

De A. al B.
1954.03.19

*Mi lastatempe multe kreis –
okupis min «L' Infana Raso»
kaj «Don Johano». Ho, amaso
da versoj en mi apogeis!*

*Ĉu vere mi antaŭe veis
pri mia mut'? Jen embaraso!
Mi lastatempe multe kreis –
okupis min «L' Infana Raso»*

*kaj «Don Johano». Mi obeis
urĝan alvokon al Parnaso
post longa vana muzoĉaso.
Mia maŝino ne paneis –*

mi lastatempe multe kreis.

74

De B. al A.
1954.03.21

Saluton al la nova bebo!
Saluton al «Infana Raso»!
Mi tostas; jen levita glaso
De via gratulanta Hebo!

Kvazaŭ fendiĝe la amebo
Naskas, vi kreas, ĝis amaso!
Saluton al la nova bebo!
Saluton al «Infana Raso»!

Mi, dume, en malnobla strebo,
Markas eseojn – ho, fatraso!
Kritiko, ĉu? – kritika straso!
– Sed planas iron al Zagrebo.

Saluton al la nova bebo!

75

De A. al B.
1954.03.26

Renaskiĝanta naciismo!
La velka arbo puŝas sprosojn...
Ĉiajn misfaktojn kaj patosojn
uzas rabia paroksismo

de histerio. Raciismo
malflusas, kreas la etosojn
renaskiĝanta naciismo:
la velka arbo puŝas sprosojn...

La homoj, antaŭ kataklismo,
ne vidas siajn pens-provosojn.
Starigas novajn mond-«kolosojn»
ĉie, arkantajn trans abismo,

renaskiĝanta naziismo.

76

De B. al A.
1954.03.27

Jes, la koncepto sennacia
Ne tre rapide kaptas homojn;
Bomboj minacas niajn domojn
Pro mank' de ilo pli racia;

Nacia mondobild' fikcia
Uzas danĝerajn idiomojn;
Jes, la koncepto sennacia
Ne tre rapide kaptas homojn.

Ĉu io bona, harmonia,
Povus forpeli la fantomojn,
Oferti sanajn aksiomojn
Kaj nin kuraci, terapia?

Jes, la koncepto sennacia!

77
De A. al B.
1954.03.29

*Sur la infanajn cerbojn presas
mispensojn la eduksistemo,
kaj tiu infanaĝa premo
por naciismo ilin dresas.*

*La fieduko tre sukcesas –
ĝangale kreskas tiu semo;
sur la infanajn cerbojn presas
mispensojn la eduksistemo.*

*La diferencojn oni jesas,
silentas pri l' similoj – emo,
en kiu fontas la problemo;
kaj mison, kies fort' ne ĉesas,*

sur la infanajn cerbojn presas.

78

De B. al A.
1954.04.01

Ho, jes, eduko, nepre misa,
Ofte afero de mensogo,
Febligas nin, narkota drogo,
Por viv' esplora, ago kisa:

Ĉu io pale kompromisa
Aŭ dogma, tenas nin en trogo?
– Ho jes, eduko, nepre misa,
Ofte afero de mensogo.

Ho mondo, ho animo, disa!
Ho psika brulo, bomba brogo!
– Sed jam komencas la prologo
Al edukad' pli civiliza;

Ho, jes-eduko, ne plu misa!

79

De A. al B.
1954.04.05

Kian instruon pri l' rilatoj
homaj ricevas mens' infana?
Ho, kia litani' tamtama
ĝin dresas por adoltaj statoj?

En senescepte ĉiuj ŝtatoj,
ĉu «komunista», ĉu «kristana»,
kian instruon pri l' rilatoj
homaj ricevas mens' infana? –

ĉu «Ĉie homoj estas fratoj»?
Ne! jen instruo futurplana:
«Nia nacio estas sana
(aliaj estas surogatoj).»

Kia instruo pri l' rilatoj!

80

De B. al A.
1954.04.06

Mi kredas ke ni ekprogresas.
La studentinoj tie ĉi
Ofte alvenas kun la sci'
Ke hom-frateco tre necesas;

Kaj, kompreneble, ne forgesas
Tian ideon, ne ĉe mi,
(Mi kredas ke ni ekprogresas)
La studentinoj tie ĉi.

Ili volonte, ja, konfesas
Amikajn sentojn al naci'
Alia, ĉiam sen envi' –
Pli bone, eble, do, promesas…

Mi kredas, ke ni ekprogresas.

81
De A. al B.
1954.04.12

Individuoj ofte saĝas,
sed grupoj ŝajnas eĉ frenezaj;
tre bonaj estus vojoj mezaj,
sed ilin oni nur omaĝas,

kaj fakte al ekstremoj naĝas.
La vivproblemoj estas pezaj:
individuoj ofte saĝas,
sed grupoj ŝajnas eĉ frenezaj.

Saĝa individu' domaĝas
grupigi sin en la herezaj
dogmemaj rondoj anestezaj,
en tur' ebura supr-etaĝas!

Individuoj *ofte saĝas!*

82

De B. al A.
1954.05.06

Nun, Vilêjo, nobla poetestro,
Mi, reveninte el la lando
De Vanĉik kaj de prunobrando,
Je rekomenco de l' trimestro,

Mi sidas apud la fenestro,
Pensas pri du el nia bando,
Vi, Vilêjo, nobla poetestro,
Mi – reveninte el la lando

Al nia karapac-orkestro
Testuda, kaj al propagando.
Mi pensas nun pri la demando,
«Ĉu ni nin vidos en Manĉestro?»

– Ĉu, Vilêjo, nobla poetestro?

83

De A. al B.
1954.05.07

Ĉu iri? mi ne scias certe:
verŝajne ne – pro monomanko.
Mi jam ne havas ĉe la banko,
ĉar domon mi aĉetis. Merde! –

ĉe mi la herbo kreskas verde,
sed mia konto estas blanko!
Ĉu iri? mi ne scias certe;
verŝajne ne – pro monomanko.

Koŝmaras ĉirkaŭ mi vesperte
ŝuldominacoj. Sen eĉ franko
mi paŝas, paŝas sur la planko:
ĉu mi rimedon povos lerte

kuiri? Mi ne scias certe.

84

De B. al A.
1954.05.08

Kiom da mono vi bezonas
Por iri – se vi volas iri?
Eble vi povos ĝin akiri,
Ĉar mia vivo nun tre bonas;

Kaj ne insulte mi proponas:
Ĉekon de mi vi povas ĝiri.
Kiom da mono vi bezonas
Por iri – se vi volas iri?

Arton volonte mi patronas –
Ho ve! ne povas mi *inspiri* –
Sed eble povos mi: «kuiri
Rimedon». Voĉ', unue, sonas:

«Kiom da mono vi bezonas?».

1976

Al tia bonkora amikaĵo – tiel tipe
Marĝoria, cetere – apenaŭ eblis
respondi per io simila al –

> *Sufiĉos eble dudek pundoj –*
> *aŭ pli, se tiom vi disponas;*
> *ho tre afable, ke vi donas*
> *monon el viaj troabundoj... ktp*

Do poste la korespondado definitive
proziĝis, kia ĝi restas ĝis hodiaŭ.
Releginte tiujn malnovajn rondelojn –
eĉ se ni ambaŭ verŝajne ŝanĝis kelkajn
opiniojn intertempe – mi ne povas
ne miri pri la juneca vervo, el kiu ili
naskiĝis.

W.A.

Postparolo

La 18-an de aprilo 1981 Marjorie Boulton sendis al Penny Maybin, la bibliotekisto de la Brita Esperanto-Asocio, sian kolekton de poŝtkartoj, kiujn ŝi ricevis de William Auld en 1953 kaj 1954. La kolekto ne estas kompleta; mankas numeroj 55, 57, 71, 79, 81, 83.

Ĉiu poŝtkarto estas samgranda: 3,5 × 5,5 coloj, laŭ la tiama mezursistemo; 8,9 × 14 cm laŭ la nuna. Preskaŭ ĉiuj estas skribitaj permane, kvankam la korespondado komenciĝis tajpe: numeroj 1, 3, 5, 9, 11 – do, kvin el la unuaj ses senditaj de Auld – estas tajpitaj. El la restantaj nur #63 (*Sed ne pri mi mi pensis, kara*) estas tia.

Auld ĉiam subskribis la kartojn per *Vilĉjo*, krom la finoblanka #46 (*Feliĉon dum la festsezon'*). Tre ofte li aldonis *via* antaŭ sian nomon, kaj post iom da tempo *kore* fariĝis kvinfoja adiaŭaĵo. Kelkaj aliaj esprimoj aldoniĝis po unufoje: *Kore kaj respondprete* (#65: *Ne, sperto estas kaptilego*); *Kore kaj respondante* (#67: *Sed ne pri arto mi rezonas*); kaj *Kore-provizore* (#73: *Mi lastatempe multe kreis*).

La *Rimleteroj* komenciĝis per #1 (*Mi vin invitas korespondi*), sendita la 27-an de septembro 1953. Tio estis la formala lanĉo, la duelinvito. Ĝi tamen ne estis la unua rondela interŝanĝo, ĉar Auld, la 4-an de la sama monato, jam sendis al Boulton manskribitan poŝtkarton rondele:

> *Mi jam al Reto skribis, kara:*
> *ne ĝenu plu vin mia muto;*
> *per ĉi letera redebuto*
> *vaporis for nebul' amara.*
>
> *Vekiĝis mi post nokt' koŝmara*
> *kaj tuj per tarda vortoŝuto*
> *kun am' al Reto skribis, kara.*
> *Ne ĝenu plu vin mia muto...*
>
> *Mi estas honta, pentofara,*
> *kaj emas kaŝi min en puto,*
> *sed petas nun kun larmoguto:*
> *pardonu koro malavara...*
>
> *Mi jam al Reto skribis, kara.*

Boulton menciis la nomon de Reto Rossetti (1909–1994) dufoje en la sekva korespondado. Unuafoje en #10 (*Mi embarasas tre kutime*):

«Ĝeraldon, Joĉjon, Reton, vin, / Kvankam mi amas nur anime», en kiu ŝi verŝajne celis ankaŭ la skotajn esperantistojn Gerald C. Jervis (1915–1985) kaj John Francis (1924–2012). Duafoje ŝi menciis Rossetti en #66 (*Sed olda* arto *pli sukcesas*): «Ne? Kial Reto tiel dresas / Min pri la polurado frota?»

Tiun ĉi poŝtkarton Auld sendis al «Poetino Marjorie Boulton», 1 Inglefield Avenue, High Lane, Burslem, Stoke-on-Trent, STAFFS, do al la patrina domo en la graflando Staffordshire. Boulton tuj ricevis ĝin, ĉar #2 (*Duelinviton mi akceptas*) estis survoje nur du tagojn post la unua. Boulton supozeble samtempe informis pri alia adreso, kiun Auld uzu, ĉar #3 iris al: College of Domestic Science, Allendale Road, Hexham, Northumberland. Tiun ĉi adreson li uzis en ĉiu alia poŝtkarto, krom #45–46, kiuj estis senditaj al la patrina adreso dum la kristnaska periodo en 1953.

La titolon uzitan Auld variigis dum la longo de la korespondado. Kvankam por #1 Boulton estis «F-ino Marjorie Boulton», ŝi tuj poste fariĝis «Unika Poetino Marjorie Boulton», kaj iom poste «Ormezulino Marjorie Boulton», «F-ino Lektorino Marjorie Boulton», «est. vibremulino Marjorie Boulton», «kara lamantino Marjorie Boulton» (vidu #19), kaj «est. f-ino Marjorie Boulton», ĝis ŝi definitive fariĝis «K-dino Manjo Boulton» fine de januaro 1954.

Kvankam la datoj jam evidentiĝas, kial Auld tuj ŝanĝis la adreson meze de la korespondado, ne necesas analizi por alveni al tiu konkludo: li aldonis noton al #43 (*Do «ESPERANTO» min bojkotas*) – sendita en Zamenhof-tago – en kiu li klarigas, ke li «riskas sendi al la Kolegio esperante, ke ĝi ne maltrafos vin». Li do estis hezitema pro la atendata paŭzo. Estas interese konstati, ke eĉ niajn plej eminentajn verkistojn povas stumbligi la lingvo de tempo al tempo: li originale skribis *ĝin*, kaj poste ĝin trastrekis.

Tiu ne estas la sola poŝtkarto, sur kiu troviĝas pliaj informoj: tio jam fariĝis establiĝinta tradicio, kaj en #1 Auld aldonis, kun dato je unu tago plia ol la jam tajpita, la sekvan manskribaĵon:

> 28/9
> *Hodiaŭ matene venis via eposo –*
> *koran dankon. Mi jam eklegas...*

Per tio li celis *Nuntempa eposo*, verkon, kiun Boulton konsideris sia «plej bona frua verko», kvankam ŝi sentis sin morale devigata ĝin oferi, post kiam ŝia amikino Vlasta Uršić (1922–2014), sur kies trasuferoj ĝi baziĝas, insiste petis ĝin ne eldonigi. Pro tio Boulton konfesis letere en 1988 sian bedaŭron, ke en *Rimleteroj* aperis klariga piednoto al #3 (*«Epos' Nuntempa»* – *grandiozo!*), ke temas pri neeldonita verko. Ĝi tial publikiĝis nur post la morto de ŝia kreinto, aperigite en *Unu animo homa*, en kies postparolo eblas legi pli profunde pri ĝia fono. Auld, ricevinte manuskripton, estis forte impresita, laŭdante ĝin en #3 kiel «grandioza», kaj ĝian verkinton nomante «poetin-koloso».

Al #20 (*Do per demando mi vin spronas*) estas aldonita:

> *Treege koran dankon pro la vasta*
> *abonigo! Eble ni savos la aferon …*
> *Via rondelo al Meta estis tre, tre*
> *ĉarma!… Ke vi tordis la maleolon*
> *min tre doloras – sed espereble jam*
> *ne vin!*

Tio aludas la poemon *Sinjorino Meta Auld*, pri la edzino de Auld, kaj poste publikigitan en la debuta poemaro de Boulton, *Kontralte*, en 1955, tamen verkitan la 27-an de oktobro 1953:

> *La enkorpiĝ' de sorĉo mita,*
> *Jen la edzino de la bardo,*
> *(Mi ĝis'is ŝin je tiu mardo)*
> *Pastrino de la Amo rita.*

> *Kontraŭ la viv-doloroj, spita,*
> *Kuraĝa per ridema ardo,*
> *La enkorpiĝ' de sorĉo mita,*
> *Jen la edzino de la bardo.*
>
> *Virino blonde bela, sprita,*
> *Gracila kvazaŭ leopardo –*
> *De La Infana Ras' bastardo*
> *Ŝin amas – amo dinamita.*
>
> *La enkorpiĝ' de sorĉo, Meta!*

Responde al #23 (*Jen Vilĉjo Auld, talent' masiva*) troviĝas sube de #24 (*La rimportreto, ve! min flatas*):

> *Tamen – aŭ eble tial? – ĝi tre plaĉas*
> *al mi!*

#31 (*Tuberkulozo de la Ter'*) prezentas liston:

> 1) De tag' al tago mi volas leteri al vi. Paciencon!
> 2) En la lasta, anstataŭ: «kio en nia mem protestas» legu: «kio stimulas al protestoj».
> 3) Saluton al Vlasta!

Fine de la kvara verso de #51 (*Ho kian rekton, kian klaron*) troviĝas asterisko post *sonetaro*, kiu kondukas al piednoto klariganta precize, kiun sonetaron Auld legas:

* «*Trista Tenereco*».

La adaptita fina verso de #66 (Sed olda *arto* pli sukcesas), kiun Boulton ŝanĝis al *Ke Aulda arto pli sukcesas!*, bone trafis, kiel indikite per noto sub #67 (*Sed ne pri arto mi rezonas*):

Tre ĉarma komplimento! Dankon!

Adaptitan finaĵon havas ankaŭ #68 (*Bonan novaĵon! Post aprilo*), ŝanĝitan al: *Bonan novaĵon – post aprilo!*, kiun aludis Auld respondante per #69 (*Plenigi ĝisrande kalikon*):

Ke postaprile ni jam havos propran domon!

La sorto favore plenumis lian esperon; li kaj Meta ja aĉetis domon (ne la definitivan en Dollar), kiel konstateblas la lasta rondelo, kiun li sendis, #83 (*Ĉu iri? mi ne scias certe*): *Ĉu iri? mi ne scias certe: / verŝajne ne – pro monomanko. / Mi jam ne havas ĉe la banko, / ĉar domon mi aĉetis. Merde!*

La domaĉeto nerekte metis finpunkton al la rondela korespondado, kiel Auld notis en la libro *Rimleteroj* eldonita en 1976: responde al #83, Bouldon proponis donaci al li monon en #84 (*Kiom da mono vi bezonas*). Al tiu bonkora malavaro Auld ne kredis, ke povus esti taŭga respondo.

La noto aldonita al #73 (*Mi lastatempe multe kreis*) klarigas, kial li adiaŭis per «Kore-provizore»:

> *– sed tio ne estas la tuta rakonto.*
> *Sendube mia ĵusa silento pli ol kutime*
> *vin surprizis, pro la diversaj gravaj*
> *aferoj respondindaj. Mi skribos tre*
> *baldaŭ. Interalie, Meta malsanas.*
> *Provizore mi loĝos ĉe: 23, Ashdale*
> *Drive, Mosspark, Glasgow, S.W.2., ĉar*
> *ŝi devas ĉiel ripozi.*
>
> *Mi sendos ankaŭ verkojn.*
> *Varman saluton al via patrino.*

La salutito estis Evelyn Maud Boulton (1885–1971), kiu, instigite de la filino, esperantistiĝis 68-jara, kaj fariĝis vera adepto de ĝiaj idealoj kaj kulturo, partoprenante la jubilean Universalan Kongreson en Varsovio en 1959. Al ŝi estis dediĉita *Zamenhof. Aŭtoro de Esperanto*, kiam ĝi estis eldonita en la angla (1960) kaj en Esperanto (1962):

POR
EVELYN MAUD BOLTON
ANIMA PARENCO DE ZAMENHOF

KAJ

PERFEKTA PATRINO

DANKE

Jam en *Kontralte* aperis poemo *Por mia patrino*, kun klarigo, ke temas pri «Evelyn Maud Boulton, kiu eklernis Esperanton kaj rapide progresis dum sia 68-a jaro». (En diversaj lokoj oni trovas mencion pri «68-a jaro» kaj «68-a vivojaro», sed ankaŭ «ŝi jam estis 68-jara.) Sekvis tion *Al mia patrino* en *Eroj*.

La lastaj komentoj troviĝas sub #75 (*Renaskiĝanta naciismo!*):

> *Mi leteros hodiaŭ vespere.*
>   *Ĉu vi ankoraŭ skribis al*
> *«Heroldo»?*

kaj #77 (*Sur la infanajn cerbojn presas*):

> *Mi sendos mian leteron (Heroldo)*
> *poste – ĝi troviĝas en Bath St.*
> *Espereble vi partoprenos la*
> *korespondadon.*

★ ★ ★

Kie Auld kaj Boulton substrekis vortojn por emfazi aŭ kontrasti, mi sekvis la antaŭajn eldonojn per uzado de kursivaj leteroj. Citilojn "tiajn" (do, senstilajn) mi ŝanĝis al «tiaj». La interpunkcion post *Gvidlibro* en #21, antaŭe prezentitan kursive, mi malkursivigis.

La rimleteroj estas ordigitaj laŭ sendodato. En la antaŭaj eldonoj #16 kaj #17 estas malĝuste aranĝitaj. Supozante, ke Auld intence faris tiel, ĉar #18 dankis pro la rimportreto en #17, mi lasis ilin samloke.

TIM OWEN

Indekso

Al mi ekŝajnas, ke la meĉ' **#7** 𝒲𝒜 33

Angla, por mi, eĉ pli ampleksas **#52** 𝒜ℬ 78

Antaŭ la firma optimismo **#35** 𝒲𝒜 61

Bonan novaĵon! Post aprilo **#68** 𝒜ℬ 94

Ĉu iri? mi ne scias certe **#83** 𝒲𝒜 109

Damnita estu la cenzuro! **#44** 𝒜ℬ 70

De la naskiĝo bonintenca **#22** 𝒜ℬ 48

Do «ESPERANTO» min bojkotas **#43** 𝒲𝒜 69

Do per demando mi vin spronas **#20** 𝒲𝒜 46

Duelinviton mi akceptas **#2** 𝒜ℬ 28

«Epos' Nuntempa» – grandiozo! **#3** 𝒲𝒜 29

Feliĉon dum la festsezon' **#46** 𝒲𝒜 72

Formulo estas – nur formulo **#42** 𝒜ℬ 68

Formulon havi estas bone **#41** 𝒲𝒜 67

Generas arton malkontento **#5** 𝒲𝒜 31

Havi amikojn – kia ĝojo! **#70** 𝒜ℬ 96

Ho kian rekton, kian klaron **#51** 𝒲𝒜 77

Ho, jes, eduko, nepre misa **#78** 𝒜ℬ 104

Individuoj ofte saĝas **#81** 𝒲𝒜 107

Inter la trompoj kaj perfidoj **#72** 𝒜ℬ 98

Je emocio kaj racio **#12** 𝒜ℬ 38

Jen mia vico por demando. **#36** 𝒜ℬ 62

Jen Vilĉjo Auld, talent' masiva **#23** 𝒜ℬ 49

Jes, certe klara Esperanto **#54** 𝒜ℬ 80

Jes kompreneble, ideale **#13** 𝒲𝒜 39

Jes, la koncepto sennacia **#76** 𝒜ℬ 102

Junaj, ni ofte tro atendas #60 ♫ 86

Juneca verv', matura sperto #64 ♫ 90

Kaj poste sub la herbo dormi! #38 ♫ 64

Kaj samprobable porkoj flugos! #33 ♫ 59

Kara, ĉu juna restos vi? #62 ♫ 88

Ke la Movado vere movu #56 ♫ 82

Kia esper' por civilizo #45 ♫ 71

Kiam mi estis nur lernanto #59 ♫ 85

Kian instruon pri l' rilatoj #79 ♫ 105

Kiom da mono vi bezonas #84 ♫ 110

Kreivo, ŝajne, venas cikle #50 ♫ 76

Kuraĝon, Vilĉjo! Sursum Corda! #8 ♫ 34

La emociojn mi malfidas #11 ♫ 37

La hom' izolominon ŝaktas #71 ♫ 97

La intermiton mi beludius – #49 ♫ 75

La manko de entuziasmo #57 ♫ 83

La rimportreto, ve! min flatas #24 ♫ 50

Legu pli zorge mian lastan #53 ♫ 79

Marjorie – energio nerva #17 ♫ 43

Mi dankas pro la festsaluto #48 ♫ 74

Mi dankas pro la rimportreto #18 ♫ 44

Mi embarasas tre kutime #10 ♫ 36

Mi kredas ke ni ekprogresas #80 ♫ 106

Mi lastatempe multe kreis #73 ♫ 99

Mi vin invitas korespondi #1 ♫ 27

Mian demandon vi respondis #25 ♫ 51

Mil dankojn, Vilĉjo, pro l'
    Gvidlibro **#21** ⱮƁ *47*
Ne mi, sed vento
    trablovanta **#4** ⱮƁ *30*
Ne, ne, poeta
    Virtuozo! **#32** ⱮƁ *58*
Ne, sperto estas
    kaptilego **#65** Ⱳᴬ *91*
Nin regas fine
    apetitoj **#29** Ⱳᴬ *55*
Nu, ĉu ne pravas la
    junuloj **#61** Ⱳᴬ *87*
Nun, Vilĉjo, nobla
    poetestro **#82** ⱮƁ *108*
Nur arto, amikeco,
    amo **#40** ⱮƁ *66*
Per vi kaj viaj
    kamaradoj **#47** ⱮƁ *73*
Plenigi ĝisrande
    kalikon **#69** Ⱳᴬ *95*
Por mi, la peko estas
    manko **#26** ⱮƁ *52*
Por paca celo,
    uranio **#6** ⱮƁ *32*
Porke ni vivu, kun
    espero **#34** ⱮƁ *60*

Post belaj semajnfin-
    horetoj **#16** Ⱳᴬ *42*
Postmorta vivo? Ta!
    Ĥimero **#37** Ⱳᴬ *63*
Renaskiĝanta
    naciismo! **#75** Ⱳᴬ *101*
Rifuĝintino el
    teroro **#14** ⱮƁ *40*
Saluton al la nova
    bebo! **#74** ⱮƁ *100*
Se ni eraras? Jen la
    fakto **#39** Ⱳᴬ *65*
Se scius mi, mi estus
    bona **#28** ⱮƁ *54*
Sed kial tiu mank'
    persistas? **#27** Ⱳᴬ *53*
Sed apetito povas
    esti **#30** ⱮƁ *56*
Sed la Movado? – ne tre
    movas **#55** Ⱳᴬ *81*
Sed ne pri arto mi
    rezonas **#67** Ⱳᴬ *93*
Sed ne pri mi mi pensis,
    kara **#63** Ⱳᴬ *89*
Sed olda arto pli
    sukcesas **#66** ⱮƁ *92*

Skurĝi al strebo por la
   Celo **#58** *AB 84*
Sur la infanajn cerbojn
   procacc **#77** *WA 103*
Tuberkulozo de la
   Ter' **#31** *WA 57*
Virino, vi min
   embarasas **#9** *WA 35*
Vizitis mi la gloran
   bardon **#15** *AB 41*
Vortludo via estas
   sprita **#19** *AB 45*

www.ingramcontent.com/pod-product-compliance
Lightning Source LLC
Chambersburg PA
CBHW062115290426
44110CB00023B/2820